Lecciones de Vida

BVL

Jennifer Moore-Mallinos
Gustavo Mazali

Estudiar es duro

edebé

¿Sabes qué quieres ser de mayor?

Yo todavía no lo sé, pero pienso mucho en ello.

A veces me pregunto cómo sería ser profesor o doctor. Y luego me imagino
qué bonito sería hacer de astronauta y descubrir un planeta nuevo o hacer
de científico y crear una medicina para que nadie se pusiera enfermo.

Mamá y papá me dicen constantemente que puedo ser lo que quiero siempre y cuando trabaje duro y sea bueno en el colegio. Mamá me dijo que parte de mi trabajo como niño es ir a la escuela, estudiar mucho y hacerlo tan bien como pueda. Y que después, cuando me haga mayor, podré ser todo lo que quiera, incluso veterinario.

Sé que estudiar duro y hacerlo tan bien como
se pueda es una buena idea, ¡pero a veces aprender
y estudiar no es nada divertido! A veces es muy aburrido
¡¡y otras es demasiado duro!!

¿Sabías que aprender y estudiar es un trabajo a jornada completa? Hay que hacer trabajos, deberes, leer libros, problemas de matemáticas y dictados. Y cuando crees que ya has acabado, siempre hay más. Más estudio, un resumen de otro libro y más deberes; ¡es un trabajo infinito!

¿Qué significa todo esto? Que queda poco rato para salir a jugar con los amigos o ver la tele. Cuando me apetece salir a jugar, todos mis amigos están estudiando. Seguro que a ti también te apetecería salir a jugar en lugar de quedarte en casa haciendo deberes. ¡A quién no!

Pero entonces pienso en todos esos momentos en los que he estudiado
mucho para un control y he acabado con un 10. Cuando pasa
es la mejor sensación del mundo, y ya no te importa haberte perdido
el programa más guay de la tele porque tenías que estudiar.
El 10 hace que haya valido la pena.

¿Qué es lo que más te gusta del cole, aparte de la hora del patio?
A mí, lo que más me gusta es cuando aprendemos algo chulo
como los volcanes o los dinosaurios o cuando estudiamos cómo
tocar diferentes instrumentos como la flauta o la guitarra.
¡Ahí es cuando aprender y la escuela son cosas divertidas!

Pero, ¿alguna vez has intentado aprender algo nuevo y, aunque te hayas esforzado mucho, no lo has podido entender? Yo creo que eso le pasa a todo el mundo, como mínimo una vez. Cuando me sucede, me fastidia mucho y me apetece dejar de estudiar y dejar de intentar entenderlo.

Como la semana pasada, cuando la profesora nos enseñó
en clase una manera nueva de multiplicar, y por mucho
que lo intentara era incapaz de entenderlo.
Después de un rato estaba agotado y me estaba volviendo
loco y quería dejarlo, pero la profesora no me dejaba.

En lugar de eso, me dijo que me quedara después de clase y que me ayudaría con mis multiplicaciones. Teníamos que hacer un control pronto y era muy importante que lo aprendiera. Aunque me encanta volver a casa andando con mis amigos ¡me quedé! Mientras mis amigos se iban a casa, ¡yo me quedé con la profesora en la clase! ¡Ayy!

Lo más sorprendente de todo
es que cuando me quedé
con la profesora me lo pasé muy
bien. Me enseñó diferentes
maneras de aprender y maneras
divertidas de estudiar. Cuando
me marché, la profesora y yo
bromeábamos, y además había
aprendido a multiplicar.
¡Ya lo entendía!

Unos días después llegó el control de multiplicaciones y estaba asustado. No quería decepcionar a mis padres, ni a la profesora, ni tampoco a mí mismo. Quería demostrarle a todo el mundo lo que podía hacer. Cuando la profesora nos repartió el control y nos dijo que empezáramos, me quedé en blanco y no me acordaba de nada. ¡Qué horror!

Durante unos minutos, me quedé sentado mirando cómo los demás hacían las multiplicaciones, y ahí, en un rincón, estaba la profesora mirándome. Cuando la vi me estaba mirando, me sonrió y me guiñó el ojo, y entonces recordé todo lo que había estudiado. Agarré el lápiz y empecé el control.

¿Y sabéis qué? ¡Que lo conseguí! Saqué un 8. Mi estudio
y el trabajo duro habían valido la pena, porque te sientes de maravilla
cuando sacas buenas notas, pero sobre todo porque aprendí
que estudiar no es tan duro. Hay más de una manera de estudiar
y cuando haces que sea divertido, ¡aprender es fácil!

Guía para los Padres

Aquí tenéis algunas sugerencias que, compartidas, les ayudarán a disfrutar un poco del estudio:

La pared secreta

¡Crea un lugar agradable y tranquilo en cualquier sitio! Con tu pared secreta podrás olvidar las distracciones mientras estudias, no importa en qué parte de la casa te pongas a trabajar.

Se hace así: Coge una cartulina o un cartón grande (puedes hacer la pared secreta del tamaño que quieras) y dóblala en tres partes de manera que se aguante en una superficie plana.

Decora la parte de fuera de tu pared secreta con frases divertidas: "No entrar" o "Silencio por favor".

Luego en la parte interior de la pared puedes escribir frases que te ayuden a estudiar y te motiven a seguir trabajando.

Así siempre que necesites hacer los deberes o estudiar para un control, coloca tu pared secreta en la mesa alrededor de donde trabajes.

¡Chachán! Ahí lo tienes, ¡tu lugar perfecto para estudiar!

Ponte las pilas

Prueba maneras diferentes de estudiar, ¡ponte las pilas!

Todos tenemos formas diferentes de aprender y estudiar. Ya sean mates o lengua o sociales, cambiar la manera de estudiar los convertirá en algo divertido. ¡Canta! Sí, cantar una melodía fácil hará que te acuerdes de cómo se escribe una palabra o de un tema difícil, y además te lo habrás pasado bien.

¡Y cuando tengas la canción en tu cabeza, se te quedará para siempre!

Qué mejor forma que hacer del estudio algo divertido.

¡Tarjetas de vocabulario!

Son perfectas para practicar problemas de mates o de ortografía y para ayudarte a aprender de manera rápida algunos temas. Lo único que necesitas es una pila de tarjetones o fichas y rotuladores. En cada ficha escribe lo que estás aprendiendo. ¡Y ahí lo tendrás! Y, ¿sabes qué? Además de hacer más fácil tu estudio, ¡mientras estás haciendo las fichas estás estudiando!

¡Un céntimo por tus ideas!

Sí, tener buenas notas y saber que hemos trabajado debería ser una buena recompensa, aunque a veces un poco de motivación extra no hace daño; de hecho puede sernos útil. El primer paso es decidir con el niño qué tiene que hacer para ganar un céntimo o algunos céntimos. Luego escribidlo en una cartulina y enganchadlo en un lugar visible para todos. Así no habrá ningún malentendido. Por ejemplo, hacer los deberes hasta el final sin levantarse ni marear la perdiz, podría ser 10 céntimos, o quizás cierta nota en un control pueden ser 50 céntimos. Si el niño persevera en acabar unos ejercicios o preparar un control se puede premiar especialmente. Cuando la hucha esté llena, las monedas se podrán utilizar para una recompensa material en función de lo pactado. Podrían ser pegatinas, más horas de tele, un polo o un paquete de chicles, etc. Recuerda, presta atención a la conducta que quieres ver más a menudo, es decir, trabajar duro, estudiar más y acabar los deberes.

Busca diferentes formas
de estudiar.

Cuando se hace del estudio algo divertido, aprender es fácil.

Estudiar es duro

Texto: Jennifer Moore-Mallinos
Ilustración: Gustavo Mazali
Diseño y maquetación: Estudi Guasch, S.L.

© de la edición: EDEBÉ 2013
Paseo de San Juan Bosco, 62
08017 Barcelona
www.edebe.com

ISBN: 978-84-683-0383-3
Depóstio Legal: B. 6431-2013
Impreso en China
1ª. edición, septiembre 2013
Atención al cliente: 902 44 44 41
contacta@edebe.net